RELATION COMPLÈTE ET FIDÈLE

DES JOURNÉES DE JUIN

(22 AU 27).

RELATION COMPLÈTE

ET FIDÈLE

DES JOURNÉES DE JUIN

(DU 22 AU 27)

Dédiée au général CAVAIGNAC, Président de la République.

Par Alph. MÉNARD et Th. STAINES.

PARIS,

IMPRIMERIE DE E. BRIÈRE,

Rue Sainte-Anne, 55r

AU GÉNÉRAL CAVAIGNAC.

Général,

Nous prenons la plume au moment où le vote unanime de l'Assemblée nationale, de cette Assemblée qui représente la France vraiment républicaine, vient de vous décerner la récompense civique que vous avez si noblement méritée...

Président de la République ! c'est environné de cette auréole de gloire que votre nom passera à la postérité.

Nos descendans apprendront que vous avez sauvé la France en sauvant la République.

Vous avez écrasé l'hydre de l'anarchie, ce monstre dont les têtes hideuses s'appelaient *Communisme, Henri V, Louis Bonaparte, Nicolas* 1er.

Vous êtes bien le digne frère de notre tant regretté Godefroi, que nous avons eu le bonheur de connaître, et que nos pieux regrets et notre vénération ont suivi au-delà du tombeau !

Ah ! si cette ombre si chère pouvait secouer un instant son linceul funéraire, comme elle applaudirait avec attendrissement à votre dévouement sublime !

Nous venons vous prier, général, de vouloir bien accepter notre faible hommage, au nom de notre brave armée, de notre jeune garde mobile, de notre garde nationale, qui, toutes et d'un accord unanime, ont placé en vous leur confiance, comme la République vous a conféré le soin de la sauver.

RELATION COMPLÈTE ET FIDÈLE

DES

JOURNÉES DE JUIN

(DU 22 AU 27).

I.

Le 22 juin.

C'est l'âme pénétrée d'une immense tristesse que nous entreprenons le pénible récit des événemens qui ont ensanglanté la capitale du monde civilisé.

En effet, y eut-il jamais, à aucune époque de notre histoire, Révolution plus douloureusement incidentée ?

Les plus mauvais jours de la Terreur ne sont rien, comparés aux journées que nous venons de traverser. Le 1ᵉʳ prairial et le 13 vendémiaire ne sont plus que des jeux d'enfans. La Ligue elle-même et la Saint-Barthélemy disparaissent devant le saisissant tableau qui se déroule à nos regards.

Des barricades formidables, construites avec un art infernal, et qui prouvent assez que des mains habiles ont trempé dans le complot, une meute féroce de 50,000 insurgés corrompus par l'or de l'étranger, par l'or et les misérables promesses des prétendans, nos ennemis irréconciables — tous ces hommes foulant sous leurs pieds sacrilèges leur qualité de Français, — tous ces hommes, disciplinés, formés à la plus étonnante des tactiques en quarante-huit heures, — leurs femmes et leurs enfans forgeant le fer, fondant les balles, fabriquant la poudre homicide qui doit anéantir leurs frères, — tous, rivalisant d'un raffinement de barbarie qui nous reporte aux plus mauvais jours du moyen-âge, — les uns se servant de balles empoisonnées, — les autres mêlant du poison à la boisson destinée à ceux qu'ils combattent, d'autres encore tirant traîtreusement des caves et des soupiraux des maisons, après avoir feint la réconciliation — d'autres enfin, chose horrible à raconter ! faisant subir à leurs prisonniers, à des Français, leurs frères, les tortures les plus atroces, — des cruautés tellement révoltantes, que Laubardemont et Torquemada eux-mêmes en eussent pâli d'indignation !

Et sur l'arrière plan, quand toute cette horde de renégats, de traîtres à la patrie est chassée, réduite à une impuissance éternelle par les vrais enfans de la République, des rues jonchées de cadavres, des débris encore fumans, des quartiers dévastés, des maisons démantelées, des ambulances, — et puis des femmes échevelées qui demandent leurs époux, des enfans éplorés criant qu'on leur rende leurs frères, — et dans la pénombre un vénérable prélat qui n'a pas craint de présenter sa poitrine à des balles sacrilèges, et qui tombe mortellement frappé en bénissant la République..............

Voilà le tableau déchirant qui se dresse devant nous !

Oh! qu'ils doivent maudire ceux qui les ont si lâchement égarés, les insensés qui ont survécu à ce désastre immense..... et combien sera amère pour eux l'expiation sur une terre d'exil, à deux mille lieues de cette noble France qu'ils ont trahie, — de cette mère commune, aux pieux embrassemens de laquelle ils ont répondu par un baiser de Judas !

Mais passons ; — jetons un voile sur ce monceau d'iniquités. — Le jour de la justice n'est pas éloigné, — la justice est terrible à la fois et miséricordieuse.

...... Pitié !!!

—

Il semble que, par un rapprochement bizarre, le nombre 22 soit désormais destiné à partager la fatale célébrité du nombre 13.

C'est le 22 février qu'a éclaté la révolution dont le dénoûment a été l'expulsion de la famille d'Orléans.

C'est le 22 mai qu'a éclaté la révolution des Nègres, à la Martinique.

C'est enfin le 22 juin que l'exécrable attentat de cinquante mille parjures a reçu un commencement d'exécution....

—

..... Paris est étrange.... Le soleil descend à l'horizon et disparaît derrière la crête des nuages bizarrement amoncelés ; — l'air qu'on respire semble imprégné de miasmes qui suffoquent. — Les promeneurs attardés se regardent avec défiance, ou plutôt ils se pressent de rentrer chez eux, sans oser lever leurs regards.... Les plus hardis s'interrogent à voix basse.... d'incroyables rumeurs circulent dans la population.... Que se passe-t-il donc ?

On apprend bientôt que les ateliers nationaux se révoltent.

. . . .

Il fait nuit.

II.

Le 23.

La générale, avec son roulement sinistre, nous réveille en sursaut.

Aux armes !

On attaque la République....

Trahison !

Aux armes !

La garde nationale endosse son uniforme, elle arme ses fusils, elle se dirige instinctivement où le salut de la République la convie....

Des groupes nombreux stationnent dans les rues, sur les quais, sur les places publiques. — L'inquiétude est peinte sur tous les visages. Des barricades s'élèvent à la Porte-Saint-Denis, à la Porte-Saint-Martin, dans la Cité, sur la place de Grève et dans les rues de La Harpe et Saint-Jacques.

Les insurgés qui défendent ces barricades font mine de fraterniser avec la garde nationale, la garde mobile et l'armée. — Mais ils conservent leurs positions en criant : « *Vive la République démocratique et sociale !* »

Mais cette attitude douteuse, les insurgés ne la conservent que jusqu'à 3 heures. — A partir de ce moment, les coups de feu retentissent, les feux de peloton se succèdent avec une persistance morne...

Nous ne pouvons revenir en détail sur tout ce qui

s'est passé depuis. — Le cadre de notre récit est trop restreint.— Nous nous contenterons donc de raconter rapidement les épisodes les plus caractéristiques, tels que nous les trouvons dans les journaux...

Car ce n'est pas un plagiat, — un journal, c'est-à-dire une feuille volante, s'égare, — un livre a plus de chances d'être conservé. . . . .
. . . .

Les barricades se dressent comme par enchantement. — C'est maintenant le faubourg Saint-Marceau d'une part, les faubourgs Saint-Denis, Saint-Martin et Poissonnière de l'autre, qu'elles enveloppent d'un immense réseau, qu'elles sillonnent dans toutes les directions.

L'armée, les gardes nationale et mobile, la banlieue, les provinces voisines se multiplient. — On les rencontre partout, animées d'une seule pensée, pénétrées d'un seul devoir, enflammées d'un seul désir : sauver la République !

La tête du pont de la Concorde est défendue par deux batteries attelées ; deux autres batteries défilent dans la direction des boulevards. Les représentans s'enquièrent avec une extrême inquiétude des événemens qui se passent à la porte St-Denis.

Le citoyen Senard monte à la tribune pour communiquer les nouvelles qu'il a reçues ; il annonce que les deux barricades de la rue Planche-Mibray ont été enlevées par la garde républicaine ; que les barricades du boulevard ont été également détruites sans grande résistance.

A trois heures, le vice-président communique les dépêches du préfet de police, conçues à peu près en ces termes :

« La garde nationale a montré beaucoup de zèle

» pour enlever la barricade du boulevard Saint-De-
» nis.

» Les barricades sont détruites par la garde natio-
» nale mêlée à la troupe de ligne. On est à peu près
» maître des alentours de la porte St-Denis. »

Le général Cavaignac vient donner des nouvelles de l'insurrection ; il est suivi à la tribune par les citoyens Garnier-Pagès et Lamartine, qui protestent de leurs résolutions énergiques.

A huit heures du soir, les abords de l'Assemblée sont gardés par des forces encore plus imposantes que dans la journée.

Dans la salle des conférences, les représentans ont un air sérieux et préoccupé. On s'entretient des nouvelles qui arrivent de divers quartiers. On prétend que l'insurrection a fait des progrès, et que plusieurs officiers supérieurs de la garde nationale ont été tués ou blessés.

Le vice-président Portalis annonce qu'il n'a pas de communications officielles ; seulement il a appris qu'un membre de l'Assemblée, le citoyen Clément Thomas, a reçu une blessure à la cuisse.

Le citoyen Considérant propose un projet de proclamation qui serait adressée aux insurgés. Cet incident n'a pas de suite.

Un représentant annonce qu'il arrive du quartier St-Séverin, où il a vu les citoyens Lamartine et Arago marcher à la tête des légions pour enlever les barricades.

Toutes les barricades ont été enlevées dans le faubourg du Temple par le général Cavaignac et le citoyen Lamartine. Celles du faubourg St-Denis l'ont été par le général Lamoricière.

Le citoyen Garnier-Pagès déclare que des pertes

graves ont été faites, que le général Bedeau est blessé ; deux représentans, les citoyens Bixio et Dornès, ont été également blessés grièvement.

L'un des questeurs de l'Assemblée, le citoyen Degousée, attribue à la presse les désordres de la journée. Il demande l'arrestation, dans la nuit même, des rédacteurs de l'*Organisation du Travail*.

Les balles sifflent, la nuit tombe ; les insurgés ont des visages pâles et sombres, qui font pressentir quel sera le réveil.

III.
Le 24.

Le canon gronde ; l'Assemblée nationale est en permanence ; le pouvoir exécutif donne sa démission ; la défense de la République est confiée au général Cavaignac ; Paris est en état de siège ; la circulation est rigoureusement interdite.

L'insurrection gagne les faubourgs du Temple et St-Antoine, ainsi que la rue St-Antoine, depuis l'Hôtel-de Ville jusqu'à la Bastille.

Le clos Saint-Lazare est au pouvoir des insurgés. Deux cents gardes mobiles trouvent la mort sur la place Lafayette.

Le général Cavaignac commande les troupes. Il semble se multiplier partout où sa présence est nécessaire. Il encourage, il dirige, il donne l'exemple, il paie de sa personne. Une vingtaine de représentans vont se joindre à lui pour lui prouver la confiance de l'Assemblée et pour partager ses périls.

La journée d'hier avait fini au bruit de la fusillade, aux cris terribles de la guerre civile, et la lutte n'a pas discontinué pendant toute la nuit. A une heure, le canon et de nombreuses décharges de mousqueterie se faisaient entendre dans le quartier Saint-Jacques et surtout dans la cité, et la cloche de Saint-Séverin envoyait au loin le son lugubre du tocsin.

Cependant, le canon tonnait sans interruption, depuis le lever du soleil, dans la direction de La Chapelle, pour écraser un bataillon d'ouvriers qui, repoussés dans la plaine des Vertus, y avaient été cernés par la garde mobile et la troupe de ligne.

Les boulevards ressemblaient à un camp : on y voyait échelonnés un régiment de cuirassiers, plusieurs escadrons de lanciers, des bataillons de garde nationale et de garde mobile. Les officiers de la garde nationale entraient dans plusieurs maisons et se faisaient remettre les fusils.

Le général Cavaignac a fait signifier aux ouvriers, vers neuf heures, qu'il ne leur donnait que trois quarts d'heure pour se rendre. Ils ont répondu qu'ils étaient déterminés à mourir jusqu'au dernier, et la vue de leurs femmes, de leurs enfans, qu'ils ont auprès d'eux, ne peut rien sur leur résolution, qui paraît irrévocable. A peine le délai est-il expiré, que des forces considérables, composées de cavalerie et d'infanterie, se dirigent vers La Chapelle en suivant le faubourg Poissonnière, sous les ordres d'un général dont on n'a pu nous dire le nom.

Sur la rive gauche la lutte n'était pas moins acharnée. La maison si connue sous le nom de la *Belle-Jardinière*, et située sur le quai aux Fleurs, a été le théâtre d'un combat atroce.

Les ouvriers qui s'y étaient fortifiés faisaient un feu roulant sur la garde nationale qui les a chassés de cette position.

En ce moment la façade de ce vaste établissement est à reconstruire par suite des dégâts causés par le feu des assaillans.

Les ouvriers avaient également pris position dans les magasins des *Deux Pierrots*, situés au bas de la rue Saint-Jacques.

Ils ont été délogés de ce poste par la 2e compagnie du 4e bataillon de la 4e légion, qui s'en est emparée à la baïonnette.

Cette compagnie a eu à déplorer la perte de vingt-cinq hommes qui sont restés sur le carreau, ainsi que trois artilleurs de la ligne.

Sur un point opposé, à la place des Vosges (ci-devant Royale), les ouvriers chassaient la force armée de la mairie du 8e arrondissement.

Les gardes nationales de plusieurs localités voisines sont arrivées à 10 heures ; celles de Poissy, de Meulan, de Mantes, ont mis pied à terre au débarcadère du chemin de fer de Rouen.

Les ouvriers occupaient encore à onze heures la rue des Noyers, tout le long de la rue Saint-Jacques, la place Saint-Michel, la place Sorbonne, la rue des Mathurins, la rue de la Harpe, et le Panthéon était le quartier-général d'où partaient les mots d'ordre et les commandemens.

Le 21e régiment d'infanterie de ligne est arrivé d'Orléans à onze heures, et a stationné quelque temps sur la place de la Concorde.

Le combat avait lieu sur plusieurs points. Le général Cavaignac, après avoir forcé quelques postes sur la Bastille, s'est avancé jusqu'à la première barricade du faubourg Saint-Antoine, qui a été emportée après une résistance des plus opiniâtres ;

mais la ligne et la garde nationale n'ont pu pénétrer plus loin.

A midi, des barricades énormes, si bien construites que le canon seul pourra les renverser, s'élevaient entre les rues Saint-Martin et Saint-Denis, à l'extrémité du faubourg Poissonnière.

Le Panthéon a été pris à deux heures, après un combat sanglant et désespéré ; on a, dit-on, fusillé quelques ouvriers pris les armes à la main : un rue des Mathurins-Saint-Jacques, en face de l'hôtel du Midi, et sept autres à l'hôtel de Cluny ; plusieurs autres ont été conduits au Luxembourg et fusillés dans le jardin.

Mais à la même heure, on annonce que le canon est nécessaire pour réduire une barricade de la rue de Rambuteau. Des feux de peloton continuels se font entendre de ce côté.

IV.

Le 25.

Dans la nuit, le calme a régné dans Paris, il n'a été interrompu que par les dispositions militaires et les mesures de précaution qui, habilement prises et sévèrement exécutées, ne permettaient aucun soulèvement sur les points occupés par la garde citoyenne, ni aucune communication avec les insurgés.

Ainsi réduits à leurs propres forces, ceux-ci avaient cependant profité de la trêve forcée de la nuit pour multiplier leurs moyens de résistance et se préparer à une défense désespérée.

De leur côté, les généraux commandant les divers corps chargés d'opérer simultanément sur les points où se maintenait l'insurrection, avaient pris des mesures pour cerner les quartiers qu'elle occupait et s'en rendre maîtres sans trop d'effusion de sang.

Voici quelle était, dès le matin, la position des insurgés :

Sur la rive droite, les insurgés, refoulés la veille jusqu'à la barrière Poissonnière, formaient l'extrémité de l'aile droite, qui se prolongeait, à partir de ce point, par les autres barrières, et venait se rallier au faubourg Saint-Antoine, qu'on pouvait considérer comme le corps de réserve de l'insurrection.

Sur la rive gauche, les insurgés avaient occupé les quartiers du faubourg Saint-Jacques depuis le faubourg Saint-Marceau jusqu'à l'Hôtel-Dieu, la partie de la Cité comprise entre la rue de la Barillerie et l'extrémité de l'île, et enfin l'île Saint-Louis. Les attaques de la garde nationale, de la garde mobile avaient eu pour résultat la reprise de la Cité.

L'insurrection avait abandonné les positions qu'elle avait occupées rue de la Huchette, ainsi que celles de la rue Saint-Jacques jusqu'à la rue Soufflot. La place Maubert était dégagée, l'église Saint-Séverin, la barricade de l'hôtel de Cluny et le Panthéon, où s'étaient livrés des combats acharnés, restaient définitivement au pouvoir des troupes.

Le centre du mouvement insurrectionnel s'étendait à partir de la rive gauche de la Seine, depuis les derrières de l'Hôtel-de-Ville jusqu'aux limites des 6ᵉ et 7ᵉ arrondissemens. La profondeur de l'espace occupé par les insurgés s'étendait jusqu'à la place de la Bastille et comprenait le Marais, le quartier des Douanes, le faubourg du Temple. Tel était encore, le 25 au matin, l'immense étendue de terrain au pouvoir des insurgés. Il est à remarquer que dans les diverses parties de la ville, ils ont toujours cherché à appuyer leurs mouvemens des points culminans et des édifices élevés.

Tous les quartiers de la rive gauche ont été balayés et les insurgés débusqués de tous les points.

Une barricade redoutable élevée en dehors de la barrière du faubourg Poissonnière, après une attaque vigoureuse, est tombée au pouvoir des assaillans.

Dans le même moment, l'insurrection, concentrée dans les faubourgs du Temple, Saint-Denis, Saint-Martin, était vaincue.

Les quartiers du Marais, du faubourg Saint-Denis, du faubourg Saint-Martin, envahis par la garde nationale, la ligne et la garde mobile, ont été dégagés.

Les barrières Rochechouart, Poissonnière, Saint-Martin et Saint-Denis sont tombées au pouvoir de la force publique à quatre heures et demie. Le Marais et le cloître Saint-Méry sont entièrement dégagés.

Le faubourg du Temple oppose une vigoureuse résistance. A dix heures du soir, la garde nationale n'est encore parvenue qu'au bord du canal. Des balles de coton, auxquelles on a mis le feu, au bas du pont à la vénitienne, se dégage une épaisse fumée qui dérobe les tirailleurs à la vue des insurgés; les balles sifflent en travers du boulevard du Temple. Quelques maisons à l'entrée du faubourg sont illuminées, comme presque toutes les maisons des boulevards et des rues Saint-Denis et Saint-Martin.

Les insurgés du faubourg du Temple ont envoyé vers huit heures et demie un parlementaire au général Lamoricière, qui l'a reçu au café Amand. Ce café fait face à l'entrée du faubourg, et là sont rassemblés des officiers en grand nombre. Les insurgés demandaient à sortir sans être faits prisonniers. Le général, après avoir lu au parlementaire la proclamation du général Cavaignac, répond que les insurgés doivent se rendre à discrétion ; que l'armée et la garde nationale étaient fortes et bien pourvues de poudre et de plomb.

Le général Négrier a été tué à l'entrée du faubourg du Temple, où il s'était avancé pour parlementer. On parle aussi de la perte du général Carbonnel ; mais nous apprenons qu'il n'est que blessé.

Le capitaine d'état-major Loverdo, aide-de-camp du général Damesme, envoyé pour reconnaître une barricade rue des Mathurins-Saint-Jacques, est pris par les insurgés. Dans cette circonstance critique, ce brave officier a fait preuve d'un sang-froid et d'un courage admirables. Les chefs de la barricade voulaient le forcer de se mettre à leur tête ; il leur a répondu qu'ils pouvaient le tuer, mais qu'ils ne le déshonoreraient jamais.

Alors on a voulu le fusiller. Un des chefs s'y est opposé en disant : *Je suis un ancien militaire, et je ne souffrirai pas qu'on assassine ainsi un officier désarmé.* Cet homme, qui exerçait un véritable ascendant sur les insurgés, est parvenu à délivrer le capitaine Loverdo et a voulu le reconduire lui-même jusqu'à la rue des Mathurins-Saint-Jacques, où était le quartier-général du général Damesme. M. Arago, membre de l'ex-pouvoir exécutif, s'y trouvait en ce moment. Le capitaine Loverdo ayant raconté ce fait, on a entouré cet homme et on l'a félicité sur sa belle conduite ; mais, après quelques instans, il s'est retiré en disant : *Messieurs, je vous laisse ; vous êtes à votre ouvrage, je retourne au mien.* Et il s'est éloigné. Quelques heures après, on a attaqué et enlevé la barricade.

—

V.

Le 26.

Dans la nuit, les insurgés avaient fait de nouveaux efforts pour reconquérir les barricades de la place de la Bastille qui font face à la rue Saint-Anoine. L'artillerie de la garde nationale et de l'armée, postée dans cette rue, avait dû tirer une grande partie de la nuit sur la place de la Bastille.

Trois représentans du peuple, MM. Larabit, Druet, et Galy-Cazalat, sont tombés dans la soirée d'hier au pouvoir des insurgés. Après avoir fait entendre à ces derniers des paroles de paix et de conciliation, ces représentans les ont déterminés à envoyer des parlementaires à l'Assemblée nationale. A deux heures du matin, M. Larabit laissant ses collègues pour otages et s'engageant sur l'honneur à revenir, a conduit quatre parlementaires auprès du président de l'Assemblée. Les parlementaires ont demandé que les insurgés pussent garder leurs armes, et que l'on garantît le droit au travail. La première de ces demandes n'étant pas acceptable, la négociation a été rompue, et M. Larabit, leur prisonnier sur parole, est retourné avec eux au faubourg Saint-Antoine.

Ce matin, le général Perrot, commandant l'attaque du faubourg Saint-Antoine, du côté de la Bastille, avait donné aux insurgés jusqu'à dix heures pour réfléchir et se rendre sans conditions. Trois batteries étaient braquées devant le faubourg. Pendant cette trêve, quelques pourparlers avaient eu lieu entre les chefs des premières barricades et un capitaine d'artillerie de la garde nationale, auquel M. Recurt, ministre de l'intérieur, s'était joint lui-même. Des paroles de regrets réciproques, des larmes, des étreintes d'atendrissement avaient été échangées. De nouvelles conditions avaient été mises par ces parlementaires à leur soumission. Ces conditions, étant les mêmes que celles déjà repoussées, devaient avoir le même sort.

Avant onze heures, cependant, les insurgés avaient capitulé sans conditions. Les premières barricades étaient évacuées.

Trois bataillons y étaient entrés. Une estafette portait cette heureuse nouvelle à l'Assemblée.

Cependant un malheureux accident, un malentendu qu'on a pris pour une trahison, a jeté bientôt l'alarme et l'indignation dans toute la ville. Un coup de feu est parti et a atteint un des insurgés. Aussitôt ceux-ci ont repris les armes, et le combat s'engageait. Le bruit d'une infâme trahison s'est répandu jusque dans l'Assemblée. On disait que cinq barricades n'avaient été évacuées par les insurgés que pour laisser pénétrer la troupe dans le faubourg et la massacrer. Bientôt, heureusement, cette sinistre nouvelle était officiellement démentie ; on apprenait que les insurgés se retiraient en se laissant désarmer. Tout le faubourg Saint-Antoine était occupé par la troupe, qui y circulait sans la moindre opposition. Toute lutte avait cessé.

Le bruit avait couru dans la journée que M. Recurt, ministre de l'intérieur, avait été tué par les insurgés ; mais il a été heureusement démenti.

L'archevêque de Paris, en se présentant hier à

Saint-Antoine. Les obus de l'artillerie ont incendié complétement deux maisons. On lisait sur les volets des magasins de la rue du Faubourg Saint-Antoine, en caractères écrits à la craie : *Mort aux voleurs.*

On porte le nombre des insurgés arrêtés à plus de 3,000. Ils sont détenus dans les caveaux des Tuileries, du Palais-National, de Notre-Dame, du Palais-Législatif, à la Préfecture de police, à la Conciergerie et à l'Abbaye.

Le jeune Delaurent, âgé de quinze ans et demi, de la 4ᵉ compagnie du 9ᵉ bataillon de la garde nationale mobile, a été porté en triomphe sur les boulevards, après avoir pris cinq drapeaux sur les barricades.

On évalue les pertes faites dans les terribles journées des 23, 24, 25 et 26 à dix ou douze mille hommes. Cette évaluation est bien au-dessous de toute exagération.

La blessure du brave général Bedeau était tellement grave qu'elle a nécessité l'amputation.

On ne s'est rendu maître du clos Saint-Lazare qu'après deux jours d'un siège qui pouvait durer plus longtemps encore, car les positions des insurgés semblaient imprenables. Ils étaient très-peu nombreux, mais embusqués derrière des barricades formées avec d'énormes pierres de taille et que le canon même ne pouvait ébranler. Ils se sont ensuite réfugiés dans des bâtimens d'où ils tiraient impunément sur les assiégeans.

Quelques-uns d'entre eux occupaient aussi des maisons environnantes, particulièrement à l'extrémité de la rue Petrelle. Ceux-ci étaient armés de fusils à vent ; on entendait siffler les balles sans entendre partir le coup. On a fait la même remarque dans une foule du quartiers et particulièrement autour de l'Hôtel-de-Ville.

La garde nationale d'Amiens s'est distinguée au clos Saint-Lazare ; un bataillon de Rouen s'y est aussi courageusement porté dès le matin. La garde mobile y a été intrépide comme partout. L'officier, qui la commandait, blessé au bras, n'en a pas moins continué de combattre toute la journée. Beaucoup de représentans étaient venus encourager les efforts de ces braves milices. Nous avons remarqué là, près du général Lebreton, qui dirigeait le feu, les citoyens de La Rochejaquelein, Tessié de Lamothe, de Montrol, d'Adelsward, qui y sont restés une partie de la matinée.

Du 28.

Nous passons place du Carrousel pour recueillir des renseignemens exacts sur la fusillade qui s'est fait entendre à minuit dans cette direction. Voici ce que nous a raconté un caporal de la garde nationale, témoin du fait :

Un convoi de cent vingt prisonniers sortait des Tuileries pour être dirigé sur un autre édifice moins encombré ; les prisonniers avaient les mains libres, ils tombent sur les deux cents gardes nationaux qu'ils s'efforcent de désarmer. Ceux-ci, au lieu de se replier de quelques pas et de charger à la baïonnette, font feu simultanément, et dans l'obscurité, les uns sur les autres. Beaucoup de prisonniers s'échappent, quelques-uns tombent ; mais le plus grand nombre des gardes nationaux gît sur le terrain. On parle de cinquante morts et blessés dans les rangs de la garde nationale ; le nombre de morts parmi les insurgés est d'environ quatre-vingts.

A la pointe du jour, on a répandu du sable sur les mares de sang dont était couverte la cour du Carrousel. Une douzaine de brancards sont apportés pour transporter les morts et les blessés.

Hier soir, 28 juin, vers six heures, nous avons vu défiler place de la Concorde le 20ᵉ bataillon de la garde nationale mobile ; il se compose d'une trentaine d'hommes tout au plus ; le reste a été tué sur les barricades. Ces intrépides soldats portaient les drapeaux qu'ils ont enlevés faubourg Saint-Antoine. Nous en avons remarqué un sur lequel on lit ces mots : « *Mort aux voleurs! respect à la propriété!* »

Un arrêté du chef du pouvoir exécutif et du président de l'Assemblée nationale, affiché le 28 à Paris et communiqué à la séance, avait décidé qu'une revue des gardes nationales des départemens serait passée sur la place de la Concorde à sept heures du matin.

A huit heures, le président, les vice-présidens et secrétaires, suivis de la presque totalité des représentans décorés de leur écharpe, sont sortis de la salle des Pas-Perdus et sont venus se ranger devant la grille du Palais qui fait face au pont de la Concorde.

Le général Poncelet, à cheval, en grand uniforme, entouré de plusieurs officiers d'état-major, a pris position en face des représentans.

Les gardes nationales des départemens étaient réparties sur la place de la Concorde, dans les Champs-Elysées et sur le quai de la terrasse du bord de l'eau.

Le défilé a commencé immédiatement; ces longues files se sont ébranlées au son du tambour. C'était un spectacle imposant que de voir cette immense multitude, s'avancer en bon ordre, déboucher du pont au pas accéléré, faire un quart de conversion en appuyant sur le quai d'Orsay, puis passer sur le front des représentans aux cris mi le fois répétés : *Vive la République! Vive l'Assemblée nationale!*

Le défilé a duré plus d'une heure ; des militaires d'expérience que nous avons consultés et qui sont habitués à apprécier les troupes agglomérées, n'ont pas estimé à moins de 120,000 hommes le nombre des gardes nationaux qui ont pris part à cette revue. Les compagnies d'artillerie et de sapeurs-pompiers se faisaient principalement remarquer par leur brillante tenue. L'ensemble, avec cette diversité de costumes, offrait un aspect saisissant et pittoresque.

Dans tous les rangs éclatent l'enthousiasme le plus vif, le dévoûment le plus absolu pour les institutions républicaines. Après les effroyables malheurs qui ont affligé la patrie, c'est toujours une consolation de voir l'unité de vues et de pensées régner au milieu des défenseurs de la République, qui nous paraît maintenant à l'abri de toutes les atteintes, de toutes les attaques ouvertes ou dissimulées.

Le quartier Latin, depuis la rue de la Harpe jusqu'à la place Maubert, depuis l'Hôtel-Dieu jusqu'à l'extrémité du faubourg Saint-Marceau, est celui qui a peut-être le plus souffert. Sur cette partie de la capitale, le combat a été le plus acharné. Les traces de l'émeute y sont partout horriblement visibles.

Les colonnes cannelées de la façade du Panthéon sont presque toutes écorchées; les figures du fronton sont pour la plupart endommagées ; quelques-unes sont complétement mutilées. La partie gauche du monument est aussi fort endommagée. C'est contre cette partie qu'était adossée la formidable barricade qui défendait les abords de Saint-Etienne-du-Mont, qui a été enlevée avec le canon.

A l'intérieur, le boulet a détruit deux statues colossales, l'une représentant *la République*, l'autre le génie de *l'Immortalité*, dans l'axe de la porte. Cette dernière figurait à la solennité des Cendres de l'Empereur, elle était élevée devant le péristyle de la Chambre des Députés. Une des copies des Loges de Raphaël a été trouée par une balle.

Au centre du monument, sous la coupole, est une estrade funèbre. Là reposent deux victimes de la fureur des insurgés : le brave général de Bréa, et son aide-de-camp, M. de Mangin, odieusement assassinés à la barrière de Fontainebleau.

L'église Saint-Etienne porte l'empreinte des boulets. La flèche du clocher a été démontée.

La rue Saint-Jacques présente dans les parties voisines de la rue des Mathurins et du pont de l'Hôtel-Dieu, l'aspect le plus désolant. La façade de chaque maison est criblée de balles. Toute saillie de maçonnerie, de porte, d'enseigne, est sillonnée par les balles ; mais la partie la plus maltraitée est celle qui termine la rue. La barricade de la place, si vaillamment attaquée et prise par la garde républicaine, avait nécessité l'emploi du canon.

M. le général Damesme a été emporté cette nuit à l'hôpital du Val-de-Grâce. Ce brave officier, qui depuis le 23 juin avait déployé une activité surhumaine et fait preuve d'une bravoure téméraire, a reçu une balle à la cuisse au moment où il franchissait la deuxième barricade de la rue de l'Estrapade. Relevé tout sanglant, il a conservé assez de sang-froid et de calme pour donner ses derniers ordres, et a traversé les rangs de la garde mobile en criant : Vive la République ! et en engageant les jeunes volontaires à montrer jusqu'à la fin le même dévoûment.

On avait annoncé que le général était mort. Nous sommes heureux d'affirmer qu'il a parfaitement supporté l'amputation de la jambe et que son état est aussi satisfaisant que possible.

—

Après avoir été atteint si malheureusement, M. l'archevêque de Paris a été transporté dans une maison de la rue Saint-Antoine ; puis on l'a, vers trois heures, transféré à l'Archevêché.

Pendant la route, il était escorté par des gardes mobiles. La physionomie d'un de ces courageux enfans l'avait frappé, l'ayant vu combattre et arracher un sabre à son ennemi, après en avoir reçu des blessures à la tête.

Il l'a fait approcher. Il avait encore la force de soulever ses bras. Il a pris une petite croix de bois, surmontée d'un crucifix et attachée à un collier noir, et l'a remise au jeune héros en lui disant : *Ne quittes pas cette croix.... mets-la sur ton cœur, cela te portera bonheur....*

François Delavrignère (c'est le nom du garde) a fait serment, les mains jointes et dans une attitude de prière, de conserver à jamais ce précieux souvenir du vénérable prélat mourant.

Delavrignère appartient à la 7ᵉ compagnie du 4ᵉ bataillon.

—

Au nombre des individus arrêtés se trouvent MM. Napoléon Lebon et Kersausie.

On annonce également l'arrestation de M. Alphonse Esquiros, écrivain politique.

—

Les nouvelles données sur l'état du citoyen Dornès et du citoyen Bixio sont satisfaisantes. On espère les conserver l'un et l'autre.

—

Le nouveau ministère, dont la composition fait honneur au tact et à l'habileté du général Cavaignac, se compose ainsi qu'il suit :

Affaires étrangères : Bedeau.
Affaires intérieures : Senard.
Instruction publique : Carnot.
Justice : Bethmont.
Finances : Goudchaux.
Agriculture et commerce : Tourret (de l'Allier).
Guerre : Lamoricière.
Marine et colonies : Bastide.
Travaux publics : Recurt.

Le général Changarnier doit être chargé du commandement des gardes nationales de la Seine.

—

L'Assemblée nationale a adopté le décret suivant :

Décret sur l'insurrection.

Art. 1ᵉʳ. Seront transportés, par mesure de sûreté générale, dans les possessions françaises d'outre-mer autres que celles de la Méditerranée, les individus actuellement détenus qui seront reconnus avoir pris part à l'insurrection du 23 juin et jours suivans.

Les femmes et les enfans qui le demanderont suivront leurs maris ou leurs pères condamnés à la déportation.

Art. 2. L'instruction commencée devant les conseils de guerre suivra son cours, nonobstant la levée de l'état de siége, en ce qui concerne ceux que cette instruction désignerait comme chefs, fauteurs ou instigateurs de l'insurrection, comme ayant fourni ou distribué de l'argent, des armes ou des munitions de guerre.

Il en sera de même des réclusionnaires et forçats qui auraient pris part à l'insurrection.

Art. 3. Un décret de l'Assemblée nationale déterminera le régime spécial auquel seront soumis les individus transportés.

Art. 4. Le pouvoir exécutif est chargé de procéder sans délai à l'exécution du présent décret.

—

Un de nos amis, le citoyen G. Petit, sous-lieutenant de la 6ᵉ légion, qui, le 23 au soir, était tombé entre les mains des insurgés à la suite de l'attaque de la barricade du faubourg du Temple, s'est échappé miraculeusement, grâce au dévoûment héroïque du citoyen Hartier, ancien soldat de l'Empire, demeurant rue Bichat, 10. Ce généreux citoyen s'est précipité, au péril de sa vie, devant l'arme qui allait frapper notre ami; et a ainsi détourné le coup qui lui était destiné. Il s'est ensuite dépouillé de sa blouse qu'il a changée contre l'uniforme du citoyen Petit. Celui-ci a pu regagner ainsi son domicile. Un pareil dévoûment n'a pas besoin de commentaires.

Voici le projet de proclamation lu par M. le président Senart, et adopté par l'Assemblée nationale dans la séance du 28 juin.

Français,

L'anarchie est vaincue ; Paris est debout, et justice sera faite. Honneur au courage et au patriotisme de la garde nationale de Paris et des départemens ! Honneur à notre brave et toujours glorieuse armée, à notre jeune et intrépide garde mobile (bravo! bravo!), à nos écoles, à la garde républicaine et à tant de généreux volontaires qui sont venus se jeter sur la brèche pour la défense de l'ordre et de la liberté. (Très-bien!)

Tous, au mépris de leur vie et avec un courage surhumain, ont refoulé de barricade en barricade, et poursuivi jusque dans leurs derniers repaires, ces forcenés qui, sans principes, sans drapeau, semblaient ne s'être armés que pour le massacre et pour le pillage. (Très-bien!) Famille, institutions liberté, patrie, tout était frappé au cœur, et, sous les coups de ces nouveaux barbares, la civilisation du dix-neuvième siècle était menacée de périr. (Très-bien!)

Mais non, la civilisation ne peut pas périr ; non, la République, œuvre de Dieu, loi vivante de l'humanité, la République ne périra pas. (Bravo! bravo!)

Nous le jurons, pour la France tout entière, qui repousse avec horreur ces doctrines sauvages où la famille n'est qu'un nom, et LA PROPRIÉTÉ UN VOL.

(Très-bien ! très-bien !) Nous le jurons par le sang de tant de nobles victimes tombées sous des balles fratricides.

Tous les ennemis de la République s'étaient ligués contre elle dans un effort violent et désespéré. Ils sont vaincus, et désormais aucun d'eux ne peut tenter de relever leur sanglant drapeau. (Très-bien ! très-bien !)

Le sublime élan qui, de tous les points de la France a précipité vers Paris ces milliers de soldats-citoyens dont l'enthousiasme nous laisse encore tout ému, ne nous dit-il pas assez que, sous le régime du suffrage universel et direct, le plus grand des crimes est de s'insurger contre la souveraineté du peuple ? Et les décrets de l'Assemblée nationale ne sont-ils pas là aussi pour confondre de misérables calomnies, pour proclamer que, dans notre République, il n'y a plus de classes, de priviléges possibles, que les ouvriers sont nos frères, que leur intérêt a toujours été, pour nous, l'intérêt le plus sacré, et qu'après avoir rétabli énergiquement l'ordre et assuré une sévère justice, nous ouvrons nos bras et nos cœurs à tous ceux qui travaillent et qui souffrent parmi nous ?

Français, unissons-nous donc dans le saint amour de la patrie ; effaçons les dernières traces de nos discordes civiles, maintenons fermement toutes les conquêtes de la liberté et de la démocratie.

Que rien ne nous fasse dévier des principes de notre révolution, mais n'oublions jamais que la société veut être dirigée, que la liberté et la fraternité ne se développent que dans la concorde et dans la paix, que la liberté a besoin de l'ordre pour s'affermir et pour se défendre de ses propres excès. (Bravos.)

C'est ainsi que nous consoliderons notre jeune République et que nous la verrons s'avancer vers l'avenir de jour en jour plus grande, plus prospère, et puisant une nouvelle force, une nouvelle garantie de durée dans l'épreuve même qu'elle vient de traverser.

Après cette lecture, l'Assemblée tout entière se lève aux cris de : Vive la République! vive l'ordre!

POST-FACE.

—

Nous respirons enfin. — Après quatre journées de deuil, de carnage, ces luttes épouvantables ont cessé et donné raison à notre belle civilisation contre ces barbares du xixe siècle, — qui, semblables aux soldats d'Attila se ruant sur le monde chrétien, — voulaient éteindre dans le sang le foyer éclatant d'où la lumière rayonne sur l'univers.

Ensevelissons en silence nos morts sublimes, ces victimes d'hier pour qui déjà l'immortalité commence ; — et si, le cœur navré, nous comptons cette myriade d'hécatombes qui ont emporté leurs étendarts vers un séjour meilleur, souvenons-nous qu'ils ont péri pour la cause de l'ordre social et de la liberté ; — et que cette grande fin nous console au moins de leur mort prématurée. —

Mais portons aussi nos regards vers l'avenir ; interrogeons à travers les crêpes funèbres les nouvelles destinées de la France ; demandons aux hommes que l'assentiment unanime de la nation appelle à nous gouverner, qui ont puisé dans le baptême de feu à travers lequel ils ont passé, une énergie nouvelle et le courage des plus nobles initiatives ; demandonsleur de régénérer le pays énervé par quatre mois de discordes, d'agitations et d'expériences, de calmer les souffrances des travailleurs qui ont si généreusement défendu la patrie, et de faire surgir du sein de tant de funérailles, l'ordre, la liberté, la justice et le bien-être pour tous les enfans de la République !

« *Le général Cavaignac a bien mérité de la patrie !* »

C'est l'Assemblée nationale qui vient de le proclamer au nom de la France toute entière....

Vive la République !

FIN.

Baris, — Imprimerie de E. BRIÈRE, rue Sainte-Anne, 65.

www.ingramcontent.com/pod-product-compliance
Lightning Source LLC
Chambersburg PA
CBHW060550050426
42451CB00011B/1835